São Cosme e São Damião

Elam de Almeida Pimentel

São Cosme e São Damião

Protetores das crianças enfermas

Novena e ladainha

Petrópolis

© 2010, Editora Vozes Ltda.
Rua Frei Luís, 100
25689-900 Petrópolis, RJ
Internet: http://www.vozes.com.br
Brasil

2ª edição, 2014.

Todos os direitos reservados. Nenhuma parte desta obra poderá
ser reproduzida ou transmitida por qualquer forma e/ou
quaisquer meios (eletrônico ou mecânico, incluindo fotocópia e
gravação) ou arquivada em qualquer sistema ou banco de dados
sem permissão escrita da editora.

Diretor editorial
Frei Antônio Moser

Editores
Aline dos Santos Carneiro
José Maria da Silva
Lídio Peretti
Marilac Loraine Oleniki

Secretário executivo
João Batista Kreuch

Editoração: Fernando Sergio Olivetti da Rocha
Projeto gráfico: AG.SR Desenv. Gráfico
Capa: Omar Santos

ISBN 978-85-326-4034-5

Editado conforme o novo acordo ortográfico.

Este livro foi composto e impresso pela
Editora Vozes Ltda.

Sumário

1 Apresentação, 7
2 Vida de São Cosme e São Damião, 8
3 Novena a São Cosme e São Damião, 12
   1º dia, 12
   2º dia, 14
   3º dia, 15
   4º dia, 17
   5º dia, 18
   6º dia, 20
   7º dia, 21
   8º dia, 23
   9º dia, 24
4 Orações a São Cosme e São Damião, 26
5 Ladainha de São Cosme e São Damião, 28

Apresentação

São Cosme e São Damião, os santos gêmeos, são invocados no Brasil como protetores das crianças enfermas, hospitalizadas. São venerados também como protetores dos médicos e farmacêuticos.

Eram irmãos, missionários médicos, que exerciam a profissão gratuitamente, aliando a fé em Cristo aos conhecimentos da medicina. Ainda vivos, foram considerados santos por terem realizado curas a doentes à beira da morte. São festejados no dia 27 de setembro.

Este pequeno livro contém a vida de São Cosme e São Damião, orações e ladainha, como também algumas passagens bíblicas, seguidas de uma oração para pedir uma graça especial, acompanhada de um Pai-nosso, uma Ave-Maria e um Glória-ao-Pai.

VIDA DE SÃO COSME E SÃO DAMIÃO

A vida de São Cosme e São Damião está envolta em lendas. Sabe-se que eles nasceram na Arábia, no século III, filhos de família nobre.

Naquela época, a maioria das pessoas acreditava em várias divindades simultaneamente, e a crença em um único Deus havia sido proibida pelo Imperador Diocleciano. Cosme e Damião, ainda meninos, começaram a invocar um "pai de todos" para curar pequenos animais e crianças da vila onde moravam. Teodora, a mãe deles, percebeu que "algo diferente" acontecia com estes filhos e, muito atenta, aconselhou-os a tomarem cuidado com essas curas com receio do imperador.

Mais tarde, mãe e filhos travaram conhecimentos com cristãos e tiveram contatos com os ensinamentos do cristianismo e foram batizados. Cosme e Damião tiveram contato com um homem chamado Levi, que exercia práticas médicas, sendo considerado o curador da localidade, e este transmitiu tal prática para Cosme e Damião.

Quando Cosme e Damião começaram a atender os enfermos, estes faziam fila para serem curados pelo toque das mãos dos gêmeos e suas palavras de fé. Dizem relatos antigos que, além das curas, eles faziam cirurgias, tendo realizado um dos primeiros transplantes: colocaram uma nova perna em um homem que sofria de gangrena e ele voltou a andar.

Cosme e Damião jamais cobraram por seus serviços, a fama deles como "médicos" chegou ao representante do imperador e eles foram proibidos de praticar a medicina. Eles foram presos, submetidos a julgamento, acusados de feitiçaria e obrigados a renegar o cristianismo. Cosme e Damião responderam: "Nós curamos as doenças em nome de Jesus Cristo e pelo seu poder". Por não renunciarem aos princípios cristãos, sofreram torturas terríveis e, em seguida, foram decapitados.

Após a morte, Cosme e Damião começaram a ser venerados como os primeiros santos médicos do cristianismo. No século 6, o Papa Félix IV demonstrou sua admiração pelos santos e construiu em Roma uma igreja em homenagem a eles.

Mais tarde, o Imperador Justiniano, em reconhecimento aos mártires Cosme e Damião, por cuja interseção foi curado de uma doença grave, construiu uma igreja em honra deles.

No Brasil, a devoção a eles teve início em 1535, quando foi erguida a primeira igreja católica do país, em Igarassu, Pernambuco. Na data da comemoração, 27 de setembro, as pessoas aproveitam para pagar ou fazer promessas, geralmente relacionadas à cura de doenças.

São Cosme e São Damião são muito relacionados às crianças, e as pessoas, nesta data, distribuem balas, doces e bolos às crianças. Este costume remonta aos cultos afro-brasileiros.

Geralmente, são representados juntos, vestidos de médicos, barrete na cabeça, túnica e capa, segurando instrumentos cirúrgicos, ou como crianças, com calções até os joelhos, meias, sapatos e com gorros nos cabelos.

3

NOVENA A SÃO COSME E SÃO DAMIÃO

1º dia

Iniciemos com fé este primeiro dia de nossa novena, invocando a presença da Santíssima Trindade: em nome do Pai, do Filho e do Espírito Santo. Amém.

Leitura bíblica: Sl 23,1ss.

O Senhor é meu pastor: nada me falta. / Em verdes pastagens me faz repousar, / conduz-me até às fontes tranquilas e reanima minha vida; / guia-me pelas sendas da justiça para a honra de seu nome. / Ainda que eu ande por um vale de espessas trevas, não temo mal algum, porque Tu estás comigo; / teu bastão e teu cajado me confortam. / Diante de mim preparas a mesa, bem à vista de meus inimigos; / Tu me unges com óleo a cabeça, minha taça transborda. / Bondade e amor certamente me acompanharão todos os dias de minha vida, e habitarei na casa do Senhor por longos dias.

Reflexão

A presença de Deus é constante em nossas vidas, mesmo nos momentos de sofrimento. Ele não nos abandona; nos momentos de desespero, podemos contar com Ele. O salmo apresenta uma fé inabalável do salmista em Deus. São Cosme e São Damião encontraram esta fé em Deus e com ela ajudaram muitos enfermos, percebendo a presença de Jesus nos doentes sofridos.

Oração

São Cosme e São Damião, vós que fostes inspirados por Deus em vossa caridade para com os enfermos, ajudai-me na graça que vos peço... (falar a graça que se pretende alcançar).

Pai-nosso

Ave-Maria

Glória-ao-Pai

São Cosme e São Damião, intercedei por...

2º dia

Iniciemos com fé este segundo dia de nossa novena, invocando a presença da Santíssima Trindade: em nome do Pai, do Filho e do Espírito Santo. Amém.

Leitura bíblica: Sl 31,1-4

> Em ti, Senhor, me refugio: que eu jamais seja decepcionado! / Livra-me por tua justiça! / Inclina para mim teu ouvido e apressa-te em libertar-me! / Sê minha rocha de refúgio, / a casa fortificada, onde eu possa salvar-me, / porque Tu és meu rochedo e minha fortaleza [...].

Reflexão

Crê no "Senhor", crer em Deus é tudo o que necessitamos. Não importa o quanto a situação nos pareça má, o importante é não perder a esperança, não nos esquecermos das palavras de Jesus: "Tudo posso naquele que me fortalece".

Oração

São Cosme e São Damião, humildemente pedimos vossa intercessão para iluminar os médicos e toda a equipe de saúde no tratamento adequado para... (falar o nome da criança por quem se está fazendo a novena).

Pai-nosso

Ave-Maria

Glória-ao-Pai

São Cosme e São Damião, intercedei por...

3º dia

Iniciemos com fé este terceiro dia de nossa novena, invocando a presença da Santíssima Trindade: em nome do Pai, do Filho e do Espírito Santo. Amém.

Leitura bíblica: Sl 73,23-26

> [...] Mas eu sempre estou contigo, Tu me seguras pela mão direita, / Tu me guias segundo teus desígnios, e no fim me acolherás na glória. / Se Tu, a quem eu tenho no céu, estás comigo, nada mais de-

sejo na terra. / Embora minha carne e meu corpo definhem, Deus é a rocha do meu coração e minha herança para sempre!

Reflexão

Vamos sempre estar em contato com Deus, por meio de orações, dos salmos. A fé em Deus nos dá ânimo para ir em busca da cura, da felicidade, do amor. A Bíblia nos ensina que a fé "remove montanhas". E São Cosme e São Damião assim acreditaram e curaram muitos enfermos.

Oração

São Cosme e São Damião, tende piedade de mim. Confio em vós e por isso vos peço que me concedais a graça de que tanto necessito... (falar a graça desejada).

Pai-nosso

Ave-Maria

Glória-ao-Pai

São Cosme e São Damião, intercedei por...

4º dia

Iniciemos com fé este quarto dia de nossa novena, invocando a presença da Santíssima Trindade: em nome do Pai, do Filho e do Espírito Santo. Amém.

Leitura do Evangelho: Mt 14,12-14

> Os discípulos de João vieram pegar o corpo e o sepultaram; depois, foram dar a notícia a Jesus. Ao saber disso, Jesus retirou-se dali, num barco, para um lugar deserto e afastado. Mas o povo soube e o seguiu das cidades a pé. Ao desembarcar, viu uma grande multidão de povo e, sentindo compaixão, curou os seus enfermos.

Reflexão

Jesus, sentindo a morte de João Batista, afastou-se, indo para um local distante. Mas as pessoas o seguiram a pé, não queriam se afastar dele e Ele, compadecido, curou seus enfermos. É o Jesus piedoso, amigo, que, apesar de sua dor pela morte de João, sente compaixão e cura os doentes. Cosme e Damião seguiram o exemplo de Jesus e procuravam ajudar os enfermos que os procuravam.

Oração

Senhor Jesus, por intercessão de São Cosme e São Damião, ouvi-me. Muito obrigado, Senhor, porque estais ao nosso lado nesta situação de dor... (falar a situação vivenciada), oferecendo-nos seu acalento. São Cosme e São Damião, atendei meu pedido... (falar a graça que se quer alcançar).

Pai-nosso

Ave-Maria

Glória-ao-Pai

São Cosme e São Damião, intercedei por...

5º dia

Iniciemos com fé este quinto dia de nossa novena, invocando a presença da Santíssima Trindade: em nome do Pai, do Filho e do Espírito Santo. Amém.

Leitura do Evangelho: Mc 11,22-24

Jesus respondeu: "Tende fé em Deus. Eu vos asseguro: Quem disser a este monte: 'sai daí e joga-te ao mar' e não duvidar em seu coração, mas acreditar que vai acontecer o que diz, assim acontecerá. Por isso eu vos digo: Tudo o que pedirdes na oração, crede que o recebereis e vos será dado".

Reflexão

A oração tem o poder de expulsar a ansiedade e o medo, e nos leva à fé. Deus tem a resposta, mesmo na situação mais desesperadora. Quando não podemos depender de mais ninguém para nos ajudar, Deus é a solução para a cura. A nossa parte é orar. São Cosme e São Damião rezavam sempre confiantes em Deus, e assim realizaram várias curas em nome de Deus.

Oração

Amados São Cosme e São Damião, abençoai... (falar o nome da criança) que tanto necessita de vós. Socorrei-o neste período de... (falar a situação vivenciada). Que vossa proteção acompanhe todas as crianças.

Pai-nosso

Ave-Maria

Glória-ao-Pai

São Cosme e São Damião, intercedei por...

6º dia

Iniciemos com fé este sexto dia de nossa novena, invocando a presença da Santíssima Trindade: em nome do Pai, do Filho e do Espírito Santo. Amém.

Leitura bíblica: Lm 2,19

[...] Derrama como água teu coração na presença do Senhor, levanta para Ele tuas mãos pela vida de teus filhinhos [...].

Reflexão

Devemos ser persistentes em nossas orações, em nossos pedidos a Deus e acreditar que obteremos a graça solicitada. Oremos com persistência, com sofrimento e, mesmo com lágrimas, crendo que a oração é o nosso recurso.

Oração

São Cosme e São Damião, valei-me. Confio em vós e por isso vos peço que intercedei junto a Nosso Senhor Jesus Cristo para... (falar a graça solicitada e o nome da pessoa para quem estamos rezando).

Pai-nosso
Ave-Maria
Glória-ao-Pai
São Cosme e São Damião, intercedei por...

7º dia

Iniciemos com fé este sétimo dia de nossa novena, invocando a presença da Santíssima Trindade: em nome do Pai, do Filho e do Espírito Santo. Amém.

Leitura do Evangelho: Jo 15,7

Se permanecerdes em mim e minhas palavras permanecerem em vós, pedireis tudo o que quiserdes, e vos será dado.

Reflexão

Há necessidade de se ter um horário específico cada dia para estar com Deus. Como mães, estamos sempre rezando, pedindo por nossos filhos, geralmente em orações rápidas enquanto estamos fazendo alguma coisa. É necessário estarmos com Deus todos os dias numa hora destinada para isso, proferindo suas palavras em voz alta e, com paciência, aguardar a resposta do Senhor.

Oração

São Cosme e São Damião, venho hoje vos pedir a cura de... (falar o nome da criança para quem se está fazendo a novena). Vós sois minha esperança e assim vos peço em união com o Pai e o Espírito Santo. Amém.

Pai-nosso

Ave-Maria

Glória-ao-Pai

São Cosme e São Damião, intercedei por...

8º dia

Iniciemos com fé este oitavo dia de nossa novena, invocando a presença da Santíssima Trindade: em nome do Pai, do Filho e do Espírito Santo. Amém.

Leitura bíblica: Sl 41,3

> O Senhor vela por ele e conserva com vida [...].

Reflexão

Com este versículo em mente, seremos capazes de enfrentar grandes desafios na vida. Esta é um dom de Deus e Ele sempre está presente nela, velando por nós todos. Assim, vamos nos entregar a Deus e orar muito, pedindo força e proteção.

Oração

São Cosme e São Damião, dai-me força e amparo. Ajudai-me a demonstrar a... (falar o nome da criança doente) a paz necessária, a tranquilidade para enfrentar esta fase difícil. São Cosme e São Damião, que vossas orações se juntem às minhas, para que... (fala-se o nome da pessoa e a graça solicitada).

Pai-nosso

Ave-Maria

Glória-ao-Pai

São Cosme e São Damião, intercedei por...

9º dia

Iniciemos com fé este nono dia de nossa novena, invocando a presença da Santíssima Trindade: em nome do Pai, do Filho e do Espírito Santo. Amém.

Leitura bíblica: 1Jo 5,14

> Esta é a confiança que temos nele: se lhe pedimos alguma coisa de acordo com sua vontade Ele nos ouve. E, se sabemos que nos ouve em tudo o que lhe pedimos, sabemos que possuímos o que lhe tivermos pedido.

Reflexão

Nossa força está em Jesus e Ele nos conduz. Ele é nossa esperança, nossa proteção, nosso abrigo, nosso socorro. Rezemos sempre, pois a oração nos aproxima dele.

Oração

São Cosme e São Damião, ajudai-me a confiar em Jesus cada vez mais. Por vossa intercessão peço a Deus, Todo-poderoso, a... (falar a graça e o nome da pessoa para quem se está fazendo a novena).

Pai-nosso

Ave-Maria

Glória-ao-Pai

São Cosme e São Damião, intercedei por...

ORAÇÕES A SÃO COSME E SÃO DAMIÃO

Oração 1

São Cosme e São Damião, vós que vos dedicastes à cura do corpo e da alma de vossos semelhantes, protegei todas as crianças que de vós necessitam. Abençoai os médicos e toda a equipe de saúde que as socorrem.

Eu imploro pela saúde de... (falar o nome da criança). Amados São Cosme e São Damião, eu prometo que, alcançando a graça... (falar a graça que se deseja) não vos esquecerei jamais.

Salve São Cosme e São Damião!

Oração 2

São Cosme e São Damião, que por amor a Deus e ao próximo vos dedicastes à cura do corpo e da alma de vossos semelhantes, abençoai os médicos e farmacêuticos, medicai o meu corpo na doença e fortalecei a minha alma contra a superstição e todas as práticas do mal. Que vossa inocência e simplicidade acompanhem e protejam todas as nossas crianças. Que a alegria da consciência tranquila, que sempre vos acompanhou, repouse também em meu coração. Que a vossa proteção, São Cosme e São Damião, conserve meu coração simples e sincero, para que sirvam também para mim as palavras de Jesus: "Deixai vir a mim os pequeninos, pois deles é o Reino dos Céus". São Cosme e São Damião, rogai por nós.

LADAINHA DE SÃO COSME E SÃO DAMIÃO

Senhor, tende piedade de nós.
Jesus Cristo, tende piedade de nós.
Senhor, tende piedade de nós.

Jesus Cristo, ouvi-nos.
Jesus Cristo, atendei-nos.

Pai celeste, que sois Deus, tende piedade de nós.
Deus Filho, redentor do mundo, tende piedade de nós.
Deus Espírito Santo, tende piedade de nós.
Santíssima Trindade, que sois um só Deus, tende piedade de nós.

Santa Maria, Rainha dos Mártires, rogai por nós.

São Cosme e São Damião, protetores das crianças, rogai por nós.
São Cosme e São Damião, protetores dos médicos e farmacêuticos, rogai por nós.
São Cosme e São Damião, fervorosos seguidores do cristianismo, rogai por nós.
São Cosme e São Damião, missionários da fé cristã, rogai por nós.
São Cosme e São Damião, que converteram muitos pagãos, rogai por nós.
São Cosme e São Damião, amigos dos pobres, rogai por nós.
São Cosme e São Damião, humildes servidores de Cristo, rogai por nós.
São Cosme e São Damião, invocados por enfermos, rogai por nós.
São Cosme e São Damião, consoladores dos aflitos, rogai por nós.
São Cosme e São Damião, santos de bondade e poder, rogai por nós.
São Cosme e São Damião, consolo nas necessidades, rogai por nós.

Cordeiro de Deus, que tirais os pecados do mundo, perdoai-nos, Senhor.
Cordeiro de Deus, que tirais os pecados do mundo, atendei-nos, Senhor.

Cordeiro de Deus, que tirais os pecados do mundo, tende piedade de nós, Senhor.

Jesus Cristo, ouvi-nos.
Jesus Cristo, atendei-nos.

Rogai por nós, São Cosme e São Damião.
Para que sejamos dignos das promessas de Cristo.

CULTURAL
CATEQUÉTICO PASTORAL
TEOLÓGICO ESPIRITUAL
REVISTAS
PRODUTOS SAZONAIS
VOZES NOBILIS
VOZES DE BOLSO

CADASTRE-SE
www.vozes.com.br

EDITORA VOZES LTDA.
Rua Frei Luís, 100 – Centro – Cep 25689-900 – Petrópolis, RJ
Tel.: (24) 2233-9000 – Fax: (24) 2231-4676 – E-mail: vendas@vozes.com.br

UNIDADES NO BRASIL: Belo Horizonte, MG – Brasília, DF – Campinas, SP – Cuiabá, MT
Curitiba, PR – Florianópolis, SC – Fortaleza, CE – Goiânia, GO – Juiz de Fora, MG
Manaus, AM – Petrópolis, RJ – Porto Alegre, RS – Recife, PE – Rio de Janeiro, RJ
Salvador, BA – São Paulo, SP